SUR GRIN VOS CONNAISSANCES SE FONT PAYER

- Nous publions vos devoirs
  et votre thèse de bachelor et master

- Votre propre eBook et livre –
  dans tous les magasins principaux du monde

- Gagnez sur chaque vente

Téléchargez maintentant sur www.GRIN.com
et publiez gratuitement

Bibliographic information published by the German National Library:

The German National Library lists this publication in the National Bibliography; detailed bibliographic data are available on the Internet at http://dnb.dnb.de .

Imprint:

Copyright © 1998 GRIN Verlag, Open Publishing GmbH
Print and binding: Books on Demand GmbH, Norderstedt Germany
ISBN: 9783668259089

This book at GRIN:

http://www.grin.com/fr/e-book/335882/la-bataille-de-l-orthographe-francaise-au-xvie-siecle

Angelika Felser

La bataille de l'orthographe française au XVIe siècle

Ein Überblick zur Vorbereitung auf mündliche und schriftliche Prüfungen

GRIN Publishing

GRIN - Your knowledge has value

Since its foundation in 1998, GRIN has specialized in publishing academic texts by students, college teachers and other academics as e-book and printed book. The website www.grin.com is an ideal platform for presenting term papers, final papers, scientific essays, dissertations and specialist books.

Visit us on the internet:

http://www.grin.com/

http://www.facebook.com/grincom

http://www.twitter.com/grin_com

Table des matières

Introduction

Au XVIe siècle, l'émancipation du français par rapport au latin, légitimée en quelque sorte par l'Ordonnance de Villers-Cotterêts en 1539, permet au français d'entrer dans toujours plus de domaines qui, jusqu'alors, ne lui étaient pas réservés. D'autres facteurs importants favorisant l'expansion du français sont entre autre la Réforme - la première traduction de toute la Bible en français de Jacques Lefèvre d'Etaples date de 1530 - ainsi que l' imprimerie qui se met à fleurir à cette époque. Des imprimeurs, des grammairiens et des auteurs considèrent alors que la réglementation de la grammaire et de l' orthographe est nécessaire, car toutes les deux manquaient encore des règles homogènes.

En fait, il n'est pas encore correct de parler d'une „orthographe" à cette époque, car une orthographe normative ne sera introduite qu'au XIX e siècle, lorsque l'école devient obligatoire, devoir imposé entre 1881 et 1884. La troisième édition du Dictionnaire de l'Académie Française, publié en 1790, joue également un rôle très important, parce que la graphie employée est la base de la graphie française d'aujourd'hui. Par conséquent, il vaut mieux parler de „graphie", mais comme la littérature secondaire qui traite ce sujet se sert de la notion d'orthographe, celle-ci sera également employée dans cette étude.

Avant de parler de différentes propositions d'une réforme de l'orthographe, il convient de donner un bref aperçu historique de l' orthographe française.

Aperçu historique

En ancien français, la graphie fut plus ou moins phonographique parce qu'elle rendit en grande partie la prononciation des mots. Pourtant, l'alphabet latin possédant seulement 23 signes ne put pas toujours établir une relation biunivoque entre graphèmes et phonèmes, car les dialectes de l'ancien français connaissaient plus de sons que l'alphabet latin ne possédait de signes. Ainsi, <c> put se prononcer soit [k] (cure, croix), soit [ts] (cercle, cire), <u> représenta soit [v], soit [y], le <i> rendit à la fois [i], [j] ou [dʒ] et le <e> se référa à [e, eː,ɛ, ɛ.,ə]. Mais l'on trouve également le cas inverse, car jusqu'au XI e siècle, le [ə] instable, par exemple, put être rendu par les graphèmes <e>, <a> et <o>. Ainsi, dans les Serments de Strasbourg de 842, le [ə] est réalisé comme <e> (fradre), <a> (fradra) ou bien <o> (nostro).

A partir du XIII e siècle, pour des raisons inconnues, la graphie cessa de s'adapter aux évolutions phonétiques. Ceci fut le début d'une série de „complications" (Brunot) que l'orthographe subira ensuite entre le XIII e et le XV e siècle. Elle devient d'abord historique, puis analogique, ensuite étymologique.

La graphie devient historique, car elle reste plus ou moins constante alors que la prononciation change continuellement au cours de cette période. Le gouffre qui se forme entre elles se manifeste, en outre, dans le maintien d´un grand nombre de consonnes finales qui ont cessé de se prononcer à la fin du XIII e siècle ou dans celui des diphtongues qui ont été monophtonguées.

Ensuite, la graphie devient analogique pour établir une certaine conformité dans les paradigmes nominaux ainsi que verbaux. Au niveau nominal l´on ajoute, par exemple, un <f> dans <vis> par analogie à la forme du singulier <vif> (afr. vif (sg.) - vis (pl.) > vif (sg.) - vifs (pl.)). Au niveau verbal, l'on ajoute un <e> à la première personne du singulier des verbes en -er au présent à l´indicatif et au subjonctif (<ie chant> > <ie chante>, <iain> > <iaime> ou bien un <s> à la première personne du singulier des verbes en -ir, -re (<iescri> > <iescris>, <ie fay> > <ie fais>).

Finalement, la graphie devient étymologique: Les praticiens ajoutent des lettres étymologiques afin de rapprocher le plus possible les mots des étymons latins et de créer ainsi une „bele escripture“. Les nouvelles lettres ne se prononcent évidemment pas: ainsi ils insèrent <b> dans <doubter, debuoir>, <c> dans <dictes, faictes>, <d> dans <aduancement, aduis> ou <p> dans <sepmaine>. De même, ils redoublent certaines consonnes (<souffrire, attendre>) et rétablissent le <l> qui a été vocalisé au XII e siècle (<aultre> au lieu de <autre>, <vouldra> au lieu de <voudra>).

A la fin du XV e siècle, l'on se trouve, donc, face à une situation désordonnée. Les accents manquent encore totalement, de sorte que l'on ne peut pas toujours faire la distinction entre <fèvre> et <feure> et que <iure> peut représenter à la fois <ivre>, <juré> et <(il) jure>.

Au XVI e siècle, la situation se complique encore plus. Incités par l'idée de restituer la langue latine dans sa pureté ancienne, les humanistes demandent une prononciation savante qu'ils croyaient authentique et selon laquelle il fallait prononcer chaque lettre. C'est ainsi qu'ils cherchent à renforcer le caractère étymologique de la graphie et à illustrer que la langue française provient du latin. La conséquences de ces faits fut que l´orthographe s´éloignit toujours plus de la prononciation.

La bataille de l´orthographe

En 1529 Geofroy Tory lance dans le préface de son <u>Champ fleury ou l'art et science de la proportion des lettres</u> un appel retentissant aux grammairiens français dans lequel il arrive à éveiller les consciences du fait qu'il est nécessaire de „mettre & ordonner par Reigle nostre langage François“. C'est son <u>Champ fleury</u> qui déclenchera une véritable bataille de l´orthographe en France entre 1529, date où Tory lance son appel, et 1554, date où Meigret abandonne sa tentative de réformer l´orthographe. Il s'agit d'une bataille entre conservateurs d'un côté, tenant à la graphie étymologique au service de l'usage, et réformateurs, suivant la « rayson », de l'autre.

Les conservateurs (les « praticiens ») dont de Bèze et des Autels font partie réfutent l'idée d'une réforme quelconque et défendent la graphie traditionnelle avec véhémence. D'après de Bèze, il est déjà trop tard pour réformer la graphie, car les Français ont pris l'habitude de L'orthographe telle qu'elle est. Pour ces grammairiens, ce n'est donc pas la raison qui est importante mais l'usage. Des Autel critique le principe phonographique favorisé par Meigret (voir ci-dessous), car la graphie n'est pas capable de rendre exactement la prononciation, d'un côté dû à une énorme variété régionale, de l'autre, dû à une phonétique instable (par ex. la prononciation des consonnes finales dépend des circonstances phonétiques dans lesquelles se trouvent les consonnes). Des Autel déclare même que la prononciation devrait être basée sur la graphie et non pas l'inverse, car elle serait plus facile à corrompre que l'écriture. Ce grammairien laisse pourtant de côté le peuple commun et ne parle que d'une élite intellectuelle qui est capable de se distinguer des autres couches sociales par sa capacité de comprendre la triple transparence de la graphie traditionnelle avec laquelle le lecteur est confrontée : Premièrement le rapprochement du français et du latin (écrire <dict> au lieu de <dit> rapproche le mot latin <dictum>, montrant ainsi sa source et sa « dérivaison »), deuxièmement, le rapprochement du mot de base et les dérivés (le <l> dans <chevaulx, royaulx> à cause de <cheval, royal>, troisièmement, le rapprochement des langues anciennes aux langues romanes modernes (marquer le <s> de <teste> - au lieu de <téte> - est rapprocher le français non seulement du latin, mais encore de l'italien et de l'espagnol, langues où le <s> se prononce et s'écrit). En dehors de ces avantages, les adversaires de la réforme mettent l'accent sur le fait que les lettres étymologiques de la graphie traditionnelle leur permettent de distinguer les homonymes là où la phonie ne le permet pas (compte : conte ; (la) poix : (le) poids : (les petits) pois), d'indiquer la signification d'un mot à partir de sa forme graphique et de simplifier les paradigmes lexicaux et grammaticaux.

Parmi les réformateurs, l'on peut distinguer les réformateurs modérés des réformateurs radicaux. Tandis que les réformateurs d'une vue modérée ne remettent pas en question le principe de l'étymologie et se contentent d'apporter à la graphie des nouveautés considérables (surtout en forme de signes diacritiques), les réformateurs d'une vue radicale cherchent à rapprocher le plus possible l'écriture de la prononciation.

Le réformateur radical le plus célèbre est certainement le Lyonnais Louis Meigret. C'est en 1542 que son Traité touchant le commun usage de l'escriture françoise est publié, bien qu'il l'avait écrit en 1531. Ce retard s'explique par le fait qu'il eut des problèmes à trouver des imprimeurs réalisant sa nouvelle conception de la graphie. Et même l'édition de 1542 par l'imprimeur Denis Janot utilise la graphie traditionnelle. Ce n'est qu'en 1548 dans la traduction du Menteur de Lucien qu'il arrive, avec l'aide de l'imprimeur Chrestien Wechel, à mettre sa théorie en pratique, puis, en 1550 dans son Tretté de la Grammere françoeze.

Dans son Traité de 1542, Meigret donne, le premier, sa préférence de la phonographie par rapport à celui de l'idéographie („La letre est la note de l'element, et comme quasi une façon d'image d'une voix formee [...]", „[...] il ne vous fault que la prononciation françoise, et sauoir la puissance des letres, sans vous amuser à l'orthographe des autres langues"). Il s'engage, donc, pour une orthographe basée sur la prononciation. Comme le seul rôle qu`a à jouer l'écriture est traduire le langage parlé, il suffirait „que l'escriture deura estre d'autant de letres que la prononciation requiert de voix". Autrement, „elle est faulse, abusiue, & damnable". On remarque bien que son moyen de jugement est celui de la „rayson" . Contrairement à la langue parlée, l'écriture aurait été inventée par l'homme qui se distingue des animaux par la raison et pourrait, donc, être modifiée par des interventions basées sur la „rayson". La graphie traditionnelle ne pourrait pas être justifiée, car elle serait trop étrange et éloignée de la prononciation pour être raisonnable. Meigret met en relief qu'il ne faut tenir compte du principe de base des conservateurs- l'usage- que s'il respecte les lois de la raison.

La triple transparence de la graphie étymologique ne serait pas seulement inutile, mais aussi néfaste, car elle empêcherait la démocratisation du savoir (les femmes, les bourgeois ne savaient pas le latin). De même, il s'appuie sur le fait qu'il y a des homonymes dans toute la langue ainsi que dans la langue parlée et qu'ils se différent par le contexte. En plus, les lettres étymologiques ne sont pas la règle dans tous les mots et ne suffisent pas toujours pour indiquer l'étymon d'un mot. L'argument de de Bèze est que les lettres non prononcées sont trop belles pour être supprimées : cela s'explique par la tendance du XVI e siècle qui était de juger la beauté d'une langue par son abondance. Meigret prend cet argument au sérieux, mais il le subordonne à celui de la raison et de l'amélioration de la lecture. Avec sa réforme (voir ci-dessous), Meigret a donc pour but de faciliter la lecture. L'écriture ne joue qu'un rôle secondaire dans ses réflexions réformatrices. Le lecteur ne doit plus réfléchir comment prononcer certains graphèmes, d'autant que l'écriture traditionnelle renferme le danger de mener le lecteur à une prononciation fausse. Sa réforme ne s'adresse pas seulement aux Français, mais aussi aux étrangers qui ont encore plus de difficultés à lire le français si les graphèmes se prononcent toujours différemment. De même, il a intérêt à ce que le français jouisse d'un prestige considérable et renforce son importance en tant que modèle et langue internationale. Certes, il attaque le caractère étymologique de la langue française, mais il cite justement le latin et le grec comme langues respectant le principe phonographique. Des auteurs de l'Antiquité, comme par exemple Quintilien, soutenaient déjà ce principe. Son argument d'épargner du papier, des plumes et du temps en supprimant des lettres superflues est plutôt à négliger parce qu'il ne joue pas un rôle important dans son raisonnement.

Meigret découvre trois « vices » de l´orthographe de son temps qui, du reste, ont subsisté, au moins en partie, dans le nôtre, ce sont la „superfluité", la „diminution" et „l´vsurpation d´une letre par autre".

Par „superfluité", Meigret entend des lettres qui sont écrites mais non pas prononcées. Il se réfère surtout à des lettres en position intermédiaires et à des consonnes finales dues à l´intégration de lettres étymologiques. C'est la superfluité qu'il considère comme le défaut principal de son époque. Ainsi, d´après lui, le <c> dans <faict> , le <g> dans <vng> le <b> dans <debuoir> et le <t> dans <et> sont des lettres superflues.

„Diminution", par contre, désigne le fait que la graphie manque de lettres pour réaliser ce qui est rendu par la prononciation. Le <e>, par exemple, se prononce [ie] de sorte qu'il faudrait écrire <chief> au lieu de <chef> pour bien rendre la prononciation.

„L´vsurpation d'une letre par autre" veut dire qu'une ou plusieurs lettres ajoutent à leurs propre prononciation le son, rendu en général, par une autre lettre. Ainsi le graphème <c> qui, normalement ne devrait être employé que pour /k/ est également utilisé pour /s/, rendu en général seulement par <s> (par exemple façon, françois), ce qui peut provoquer une prononciation incorrecte.

Ces trois défauts résumant les points faibles de la graphie contemporaine de Meigret, soulignent l´urgence du rapprochement de l´écriture à la prononciation. Pour y faire, il propose trois sortes de modifications qui répondent exactement aux trois sortes de défauts cités ci-dessus.

Premièrement, des suppressions de toute lettre inutile, comme

<g> en position finale (<chacung> > <chacun>)

<t> dans <et>

<t/d> au pluriel (<renard> > <renars>)

<l> dans <aultre> > <autre>

<c> dans <dict> > <dit>, <faict> > <fait>

<u> après <q> dans <que> ><qe>

Deuxièmement, des substitutions d'une lettre à une autre afin de rendre la relation entre phonème et graphème univoque. Il propose

1) la substitution d'une voyelle à une autre (<u> > <o> (umbre > ombre)

2) la substitution d'une voyelle simple à une diphtongue:

        <ai> > <e>   mais > mes, parfait > parfet

        <ou> > <o>   courir > corir

3) la substitution d'une diphtongue à une diphtongue:

        <ai> > <ei>   demain > demein, maintenant > meintenant

        <au> > <ao>   chauld > chaod, autant > aotan

4) la substitution d'une consonne à une consonne

        <g> > <j>   (lorsque <g> a la valeur de [ʒ]): manger > manjer

        <t> > <ç, x>   (lorsqu ´il est employé pour [s]): manifestation > manifestaçion

5) la substitution d´une consonne à un groupe de consonnes:

        <x> final > <aos>   cheuaos

        emprunt de <ŋ> espagnol   Espaŋol

Troisièmement, des « distinctions nouvelles des lettres ». Ainsi il fait la distinction entre le <e> ouvert et le <e> fermé en réalisant le <e> ouvert à l´ aide de la cédille tandis que l´accent aigu marque le <e> long (mẹmement). De même, il marque les autres voyelles longues par un accent (plutót) et ajoute une cédille au <c> quand il n'est pas utilisé pour un /k/ mais pour un /s/ (annonçiaçion) et propose un <l> avec un point pour distinguer <ill> dans <meilleur> de celui dans <ville> (till. ac).

Bien que Meigret fasse beaucoup de propositions, il n´aborde pas un bon nombre de questions, telles que la graphie des nasales, la distinction entre <u> et <v> (tandis qu'il fait la distinction entre <i> voyelle et <j> consonne) et le <h> initiale (alors qu'il a éliminé des consonnes superflues). C'est ainsi que sa conception souffre d´inconséquences et de propositions qui ne vont pas assez loin. De même, son alphabet contient plusieurs contradictions. L'on peut se demander pourquoi il a introduit <ç> au lieu de prendre tout simplement <s> pour [s] ou bien pourquoi il garde <q> et <k> pour [k] au lieu de les remplacer par <c>.

Réformateur plus modéré que Meigret, Peletier du Mans, cherche à atteindre, lui aussi, un système phonographique. Mais ce qu´ il ne peut pas accepter c'est la prononciation lyonnaise de Meigret que ce dernier prend pour la base théorique de sa réforme (Bèze lui même dit: „Il faut apprendre à prononcer avant d´enseigner à écrire"). Par contre, Peletier plaide pour une prononciation d´un grand prestige, celle de la Cour. Contrairement à Meigret, rendre la lecture plus facile, surtout à l'égard des étrangers, et s´appuyer sur la „rayson" ne jouent qu'un rôle secondaire pour Peletier. Il a plutôt l'intention de réformer la graphie pour permettre aux générations suivantes de reconstituer la prononciation si un jour le français ne devait plus être parlé en tant que langue maternelle ou s´il avait beaucoup changé, tout comme c'est le cas du latin ou du grec á son époque. De même, il prend une position beaucoup plus modérée que Meigret soulignant que la réforme ne devrait pas se passer de façon radicale, mais successivement. Il considère la demande de Meigret de réduire les lettres en « leur première et naïve puissance » comme irréalisable, car étant donné que l´alphabet latin manque de signes pour rendre la prononciation exacte, l´introduction de nouveaux signes est indispensable. Il distingue deux sortes d´abus. Tandis que les „abus premiers" se dirigent contre l´abus de la „puissance des lettres (p.e. l´emploi de <c> pour [s] ou de <g> pour [ʒ] voir les propositions de Meigret) - que l'on pourrait éventuellement accepter-, les « secons abus » montrent „l´inconstance, l´incertitude e l´irrégularite de l´Ecriture" et sont à éviter le mieux possible: Ainsi, il propose, en outre, la distinction entre trois degrés d´aperture du <e> (par exemple <fɛrmətе>) - Meigret n'en distingue que deux – et la différenciation entre voyelles longues (à l`aide de l´accent aigu) et voyelles brèves (en ajoutant l´accent grave si elles ne sont pas déjà marquées brèves par la gémination de consonnes). Le facteur le plus important de sa conception de réforme est pourtant, la suppression des lettres non prononcées (le <t> dans <et> et ainsi de suite). Cependant, on peut reprocher à Peletier qu´il ne fait pas clairement la différence entre les deux groupes d`abus de sorte qu'on ne peut pas savoir lesquels des points sont à réformer et lesquels peuvent être gardés.

Ce n'est qu'en 1554 que Meigret avoue l´échec de sa réforme, échec, dû, en outre, par la grande résistance qui s'est établie du côté des imprimeurs, en particulier de Robert et d´Henri Estienne. Soucieux de la vente de leurs livres, ils sont forcés d´éviter l´abondance de nouveautés exagérées qui auraient, d'ailleurs, eu besoin de moyens d´investitions et de matériaux. Seuls les signes diacritiques, à savoir l´accent aigu, la cédille, l´apostrophe et le tréma sont acceptés par les imprimeurs. Quant à la différenciation du <i> et <j> ainsi que du <u> et <v>, elle commence, petit à petit, à s´introduire, mais selon Rickard, elle n´est pas soutenue par la majorité des imprimeurs. A part cela, il manque encore une prononciation universelle et normative. Mais la raison de l´échec de la réforme de l´orthographe se trouve aussi chez les réformateurs eux-mêmes, car d´un côté, ils étaient trop inconséquents quant à l'application de leurs systèmes et de l'autre, leurs théories étaient très divergeantes.

Tout de même, les idées de Meigret et de Peletier ont laissé des traces, car tous les réformateurs contemporains s´orientent toujours vers eux, surtout en direction de Meigret (voir Brunot). Meigret a également exercé une influence considérable sur Ronsard, dont l´écriture fournira la base de la troisième édition du Dictionnaire de l´Académie Française en 1740, qui, comme déjà mentionné, forme la base de l'usage du français d'aujourd'hui. D´après Catach, il aurait fallu une autorité ou pression sociale soutenant la réforme, car selon un sondage effectué sur 255 auteurs, 41 % (surtout des poètes) auraient suivi l´orthographe de Ronsard ou une orthographe réformée, 43 % une orthographe moyenne, contre 14 à 15 % seulement en orthographie ancienne.

L´orthographe reste donc, malgré tout, fidèle à ses principes étymologiques, à la tradition des praticiens.

Literatur zum Französischen des 16. Jahrhunderts

Allgemeine Literatur: (Auswahl)

Brunot, F. (1967), *Histoire de la langue française des origines à nos jours*, Bd. 2, Paris.

Rickard, P. (1977), *Geschichte der französischen Sprache*, München.

Rickard, P. (1968), *La langue française au XVIe siècle*, Cambridge.

Schwerpunkt Orthographiereform (Radikalreformer):

Beinke, C./Rogge, W., „Französisch: Geschichte der Verschriftung", in: *LRL*, V. 1, 471-493.

Catach, N. (1968), L´orthographe française à l'époque de la Renaissance. Auteurs - Imprimeurs - Ateliers d´ Imprimerie, Genève.

Hausmann, F.-J., „Meigret als Linguist und Purist", in*: Bildung und Ausbildung in der Romania*, Bd. 2, München (1979), S. 257-267.

Hausmann, F. -J. (1980), *Louis Meigret. Humaniste et Linguiste*. Lingua et traditio. (Beiträge zur Geschichte der Sprachwissenschaft, Bd. 6), Tübingen.

Strobel-Köhl, M. (1994), *Die Diskussion um die „ideale" Orthographie. Das Beispiel der Kreolsprachen auf französischer Basis in der Karibik und des Französischen im 16.*